RECUEIL

DE

JUGEMENTS ET ARRÊTS

CONCERNANT LA QUESTION

DE DÉSISTEMENT D'ASSURANCE

Extrait du Jounal

L'ÉCHO DES ASSURANCES

TERRESTRES ET MARITIMES

RECUEIL

Des Décisions législatives, Judiciaires ou Administratives

CONCERNANT LES ASSURANCES

Contre l'Incendie, la Grêle, la Mortalité des bestiaux, la Gelée et l'Inondation, les Risques de navigation maritime ou fluviale et sur la Vie.

Rédigé par **E. DEHAIS**

PRIX : 1 FRANC

PARIS

BUREAUX : RUE LA CHAUSSÉE-D'ANTIN, 20

1865

SOMMAIRE.

		Pages.
AVANT-PROPOS		1
DOCTRINE. . .	Sur les désistements, par M. Bourlet de la Vallée.	3
	D° par M. Dehais.	9
JURISPRUDENCE.	Nullité des désistements par lettre chargée. — Justice de paix du 3e arrondissement de Paris.	13
	Justice de paix de Douvres.	14
	Confirmé par le tribunal de Caen, suivi de commentaires par M. Bourlet de la Vallée.	ib.
	Tribunal civil de Vitry-le-François confirmé par la Cour impériale de Paris. . . . . , . .	18
	Justice de paix du 12e arrondissement de Paris.	20
	D° de Colmar. . . , ...	21
	Nullité des désistements par exploit d'huissier. — Tribunal de la Seine, 5e Chambre.	24
	Justice de paix de Bordeaux.	27
	D° de Verzy	28
	Cour impériale de Paris, 1re chambre.	30
	Dérogation aux statuts (périodes de 10 ans) validité. . . .	34
	Compétence. — Le juge de l'action est aussi le juge de l'exception. Cour de Cassation.	35

AVANT-PROPOS

Si les Compagnies mutuelles ne trouvaient que des adver-
saires loyaux dans le champ de la concurrence qui leur est
faite, ce recueil n'aurait pas de raison d'être.

Malheureusement, on sait trop, et les plaintes répétées d'un
grand nombre de nos correspondants nous rappellent trop
souvent ce qu'ont de déloyal, et souvent de coupable, les manœuvres de certains agents rivaux, sans cesse occupés de
provoquer des désistements.

Les Sociétés mutuelles ont donc besoin de résister à ces
manœuvres, non pas seulement dans leur propre intérêt,
mais dans l'intérêt même des assurés, pour qui le premier
résultat net du changement sera de payer des primes plus
élevées, et des frais de nouveaux contrats.

Évidemment, en effet, les changements d'assurance ainsi
obtenus n'ont d'autre objet réel que l'intérêt particulier de
ces agents peu scrupuleux, qui ne craignent pas de nuire au
principe si important de l'assurance, en attaquant et calom-
niant telle ou telle Compagnie au profit de celle à laquelle ils
appartiennent.

Quand leur but est atteint, quand la *remise* est enlevée,
peu leur importe que les assurés qu'ils ont pu circonvenir,

soient ou non exposés, comme il arrive, aux contestations judiciaires qui, fréquemment, sont la conséquence de la situation dans laquelle ils ont été entraînés.

Cette situation irrégulière est souvent mal appréciée par les agents des Sociétés mutuelles eux-mêmes, faute par eux d'être suffisamment édifiés sur la portée véritable des dispositions statutaires relatives aux désistements.

Nous avons donc pensé qu'ils verraient avec plaisir, sur cette intéressante matière, un recueil de jugements et d'arrêts où ils trouveront la plus complète affirmation de leurs droits, et qu'ils pourront, au besoin, mettre sous les yeux de MM. les juges de paix quand ils auront à résister devant eux aux attaques déloyales dont nous venons de dire la nature.

DOCTRINE.

Des désistements ou déclarations de cessation d'assurance à la fin de la période.

(Écho, 1861, page 21.)

Dans sa livraison de janvier dernier, notre estimable confrère du *Journal des Assurances*, en traitant cette importante question, exprimait la pensée que : « quelle que soit la Compagnie à laquelle on « demandera la cessation de l'assurance à la fin de la période, elle « s'empressera de l'accepter lorsqu'elle sera certaine que telle est « la volonté de l'assuré. »

Nous ne doutons pas de la sincérité de cette opinion, et, comme lui, nous sommes convaincus des dispositions loyales des Sociétés à cet égard ; mais elles savent que bien souvent ces déclarations ne sont pas la manifestation d'une détermination sérieuse et approfondie; — elles savent que parfois des assurés ont allégué avoir signé une cessation par erreur en croyant souscrire une adhésion de renouvellement; — et dès lors elles doivent apporter une certaine circonspection dans l'admission de ces déclarations, surtout quand elles ne leur paraissent pas l'expression réelle de la volonté de l'assuré (1).

---

(1) Presque toujours la cessation à fin de période est le résultat de reprises d'assurances faites par les agents de Compagnies rivales, et les arrêts qui ont condamné, en 1854 et 1857, les agents de plusieurs Compagnies à primes comme coupables de diffamation envers une Société mutuelle, ont fait connaître par quels moyens ces reprises sont parfois obtenues. Aussi notre confrère, dans sa loyale impartialité, blâmait-il alors sévèrement ces manœuvres et donnait-il les conseils suivants, que nous aimons à répéter après lui et qui sont encore, nous n'en doutons pas, l'expression de sa pensée :

« Sans doute, on peut attirer à soi une nouvelle clientèle : mais on doit com-

Nous ferons d'ailleurs remarquer que la cessation d'assurance, dans les Sociétés mutuelles, est un acte fort grave; que ce n'est pas seulement l'*expiration naturelle* d'une convention arrivée à son terme, mais bien *la résiliation* et *la rupture* du contrat.

En effet, il ne faut pas perdre de vue que, dans la mutualité, chaque assuré est un associé. Or, tout associé, d'après les règles générales du droit (art. 1844 et 1865 du Code civil), est lié pour la durée de la société. C'est donc par une dérogation au droit commun qu'il lui est permis de se retirer avant ce terme, c'est-à-dire après un certain laps de temps qu'on est convenu d'appeler *période*. Mais il suit de là que l'assurance se continue *de plano* à la fin de cette période; qu'elle se continue par la force même des choses, par la succession non interrompue du contrat, comme elle s'est maintenue jour par jour, heure par heure, pendant la durée de la période; et, qu'en conséquence, si l'assuré use de la faculté qui lui est accordée de se retirer, il y a de sa part, comme nous le disions, résiliation et rupture du contrat (1).

« prendre aussi que la volonté de l'assuré doit être précise et déterminée par des « considérations qui ne naissent point de rapports mensongers sur telle ou telle « Compagnie. La matière de l'assurance, au surplus, est assez grande pour que l'ac- « tivité de Messieurs les agents se concentre sur des contrats ayant encore une lon- « gue durée.

« Dans bien des cas, il est vrai, un agent pourra obtenir qu'une police venant « à expiration lui soit accordée, et les moyens pour obtenir cette préférence pour- « ront être très-honnêtes; mais enchaîner déjà l'assuré quand il est lié pour long- « temps à une autre Compagnie, très-solvable, c'est mettre en doute la volonté « ferme de celui-ci; c'est laisser supposer que les motifs par lesquels on l'a décidé « n'avaient qu'un sérieux apparent; c'est enfin soulever la susceptibilité de l'assu- « reur abandonné, et en définitive, c'est conduire à des procès que nous voudrions « voir conjurés pour toujours. »   (*Journal des Assurances*, t. VIII, p. 43.)

(1) C'est par suite de ces principes que les statuts de toutes les Sociétés mutuelles, autorisées depuis 1816 jusqu'en 1840, renfermèrent une clause appelée improprement *tacite reconduction*, et par suite de laquelle l'assurance se continuait de droit jusqu'à la fin de la Société, sauf la faculté pour la Société et pour l'assuré de la résilier à certaines époques périodiques. Mais, en 1840, ces principes furent méconnus, et à partir de cette époque jusqu'en 1850, le Conseil d'État refusa d'admettre cette clause dans les statuts qui furent soumis à son approbation.

C'est que les idées avaient été faussées petit à petit par la dénomination complètement inexacte de *tacite reconduction* donnée à tort cette disposition spéciale.

— 5 —

Lorsqu'il s'agit d'un contrat quelconque, soit d'une vente, soit d'un bail, soit d'un mandat, soit de tout autre, n'est-il pas nécessaire que la volonté de celui qui entend le résilier soit exprimée d'une manière indubitable, et ne doit-elle pas être aussi formelle pour sa rupture que pour sa formation même? S'il en est ainsi pour toutes les conventions, pourquoi n'en serait-il pas de même lorsqu'il s'agit de la résiliation de l'assurance et de la rupture du pacte social? Est-ce que cet acte n'est pas aussi sérieux et plus important que tous ceux que nous venons d'énumérer, puisque la conséquence sera de laisser l'assuré à découvert, c'est-à-dire exposé à la ruine en cas de sinistre? Supposons, au surplus, qu'on veuille opérer cette résiliation pendant le cours de la période, tout le monde reconnaîtra que pour l'obtenir, il faudra une déclaration en règle et une manifestation expresse de la volonté de l'assuré? Pourquoi serait-on moins exigeant quand cette résiliation est demandée à la fin de la période?

Aussi le Conseil d'État, dans la rédaction des statuts des Sociétés mutuelles, a-t-il prescrit, pour ces actes de résiliation, certaines formes destinées à leur donner une garantie de *sincérité*, à attester que

---

Qu'est-ce, en effet, que la *tacite reconduction?* C'est le *renouvellement* d'un bail par une convention tacite (*tacite reconducere*, relouer tacitement). Aberration étrange ! Par suite de l'emploi constant et abusif de cette expression pour désigner le maintien de l'assurance à la fin de la période, la confusion dans les mots a amené une confusion dans les idées ; on a fini par assimiler dans leurs conséquences deux choses tout-à-fait dissemblables ; on s'est habitué à considérer ce maintien d'assurance comme résultant, non pas de la *continuation pure et simple,* mais d'une espèce de *renouvellement tacite* du contrat ; et le Conseil d'État lui-même, se laissant entraîner au courant de l'erreur produite par cette assimilation inexacte, a, pendant dix ans, rayé des statuts soumis à son approbation une disposition qu'il regardait comme en dehors des règles ordinaires, et qui cependant résulte des principes du droit et de la nature même du contrat mutuel.

Mais, en 1850, la Société *la Bretagne,* dans un mémoire remarquable, contresigné par les directeurs des principales Sociétés mutuelles et reproduit au *Journal de l'Assureur et de l'Assuré,* t. III, p. 13, rétablit les vrais principes. Le Conseil d'État, mieux éclairé, revint à ses premiers errements, aux errements de la logique et de la vérité, et depuis lors les Sociétés mutuelles ont été autorisées à insérer dans leurs statuts cette clause conforme aux principes que nous avons énoncés : « *les assuran-* « *ces sont contractées pour la durée de la Société ;* néanmoins, la Société ou le so- « ciétaire peuvent rompre l'assurance, etc. »

la déclaration émane bien réellement du sociétaire, et qu'elle est l'expression *sérieuse* de sa volonté. Elles ont aussi pour but, d'une part, de mettre le sociétaire à même de résister à une réclamation ultérieure en prouvant qu'il ne fait plus partie de la Société, et d'autre part, de mettre la Société en position de résister de son côté à des réclamations mal fondées en établissant, en cas de sinistre, que l'incendié ne fait plus partie de la famille et n'a plus aucun droit contre elle. Elles sont à la fois l'égide du sociétaire et de la Société.

Pourquoi donc ne seraient-elles pas aussi strictement observées que celles prescrites par les mêmes statuts pour l'entrée de l'assuré dans la Compagnie? S'il a été admis d'une manière irrégulière, il aura le droit de prétendre qu'il n'est pas valablement assuré, et de se refuser à l'accomplissement des obligations qui dérivent de l'assurance; de même, si on l'a fait sortir sans observer les règles prescrites, ne peut-il pas prétendre, en cas de sinistre, que sa sortie n'est pas valable, parce qu'on n'avait pas le droit de résilier son contrat sans se conformer aux statuts? Son action ne serait-elle pas fondée et la Société n'aurait-elle pas à craindre de payer ainsi la peine de sa trop grande condescendance, nous pourrions même dire de sa légèreté et de son imprudence?

« Les statuts de la police, dit M. Pouget dans son manuel de l'agent « d'assurances, page 207, sont la loi des parties. Dès lors il faut se « conformer aux prescriptions que ces actes contiennent, et en con-« séquence, ne faire le désistement d'une assurance que suivant le « mode qu'ils prescrivent. »

Conformément à ces principes, le Tribunal civil de Châlons-sur-Marne, par un jugement en date du 8 août 1857, celui de Vitry-le-François, par un jugement en date du 11 février 1853, et la Cour impériale de Paris, dans un arrêt en date du 7 février 1860, ont décidé que la forme prescrite par les statuts pour les déclarations de cessation d'assurances est *substantielle*, que les parties sont tenues de s'y conformer, et que le désistement donné par lettre chargée n'est pas valable, lorsque cette forme n'a pas été indiquée par les statuts (1).

---

(1) Conforme : jugement du juge de paix du 3ᵉ arrondissement de Paris. V. *Écho des Assurances*, t. Iᵉʳ, p. 74, numéro d'avril 1860.

Le contrat d'assurance terrestre est d'une si grande importance que la Cour de cassation, par un arrêt en date du 29 mars 1859, rendu sous la présidence de M. Troplong (1), a décidé que la disposition de l'article 332 du Code de commerce lui était applicable; qu'en conséquence, le contrat d'assurance terrestre, comme celui d'assurance maritime, ne pouvait être prouvé par témoins, et devait nécessairement être prouvé par écrit.

La solennité exigée pour la formation du contrat ne doit-elle pas l'être aussi pour sa rupture? Dès lors pourra-t-on comprendre qu'on prétende affranchir de toute forme et de toute règle la convention de résiliation ? Que dirait-on si la question était retournée et si une Compagnie prétendait être dégagée vis-à-vis de l'assuré sans avoir rempli les formalités exigées pour la résiliation de ses engagements? Et pourquoi l'assuré ne serait-il pas tenu comme elle de suivre les formes prescrites par les statuts ?

Mais en dehors de celles auxquelles il faut nécessairement se soumettre parce qu'elles sont écrites, il en est qui ne sont pas exprimées et qu'il faut suppléer parce qu'elles dérivent du bon sens et de l'équité. Cette réflexion nous amène à parler d'une question qui nous a été soumise, et nous croyons devoir faire connaître ci-après la solution que nous lui avons donnée parce qu'elle nous paraît intéresser les diverses Sociétés mutuelles.

QUESTION.

La déclaration de cessation faite en vertu d'un pouvoir qui n'est ni légalisé, ni sur timbre, ni enregistré, est-elle valable et doit-elle accueillie par la Compagnie, dont les statuts disent seulement que la déclaration pourra être faite par un fondé de pouvoirs ?

Nous pensons que la Société peut refuser de recevoir la déclaration si la signature du pouvoir n'est pas légalisée. Car rien ne prouve que cette signature émane de son assuré ; la confrontation avec celle de la police ou de l'adhésion établit presque toujours des différences notables, les deux signatures ayant été données à des distances de

---

(1) V. *Écho des Assurances,* t. 1er, p. 217, numéro de décembre.

temps assez considérables ; et dans le cas où, un sinistre arrivant après la sortie opérées, l'assuré viendrait à prétendre que le pouvoir en vertu duquel on l'a fait sortir n'émanait pas de lui, il serait souvent difficile à la Compagnie d'établir la véracité de la signature. Elle a donc le droit de se mettre en garde contre la fraude et d'exiger la preuve ou le moyen d'établir devant les tribunaux que la signature du pouvoir est bien celle de l'assuré. Cette preuve, elle ne pourra l'avoir que par la légalisation.

C'est aussi l'avis émis par M. Pouget (*Dictionnaire des assurances, v° légalisation.*)

La Compagnie a pareillement le droit d'exiger que le pouvoir soit donné sur papier timbré. Car, en cas de sinistre, si le sociétaire sorti prétendait n'avoir pas fait de déclaration de cessation, la Compagnie serait obligée de produire en justice le pouvoir de l'assuré et de le faire enregistrer, en supportant une amende pour défaut de timbre. Elle a pareillement le droit de se prémunir contre cette éventualité.

« Au surplus, comme le disait le conseil d'administration de la
« société mutuelle de la Marne, dans une délibération très-judicieu-
« sement rédigée, le pouvoir est donné dans l'intérêt de l'assuré
« qui se désiste, et pour lui éviter un voyage au chef-lieu de l'ad-
« ministration ; c'est donc lui et non la Compagnie qui doit avan-
« cer les dépenses de l'acte qui a pour but de l'exonérer de ce
« voyage. »

C'est du reste ce qui a été implicitement décidé par arrêt de la Cour impériale de Paris, en date du 5 décembre 1854 : « Attendu,
« dit-il, que cette déclaration, *libellée sur timbre, enregistrée, et*
« *légalisée par le maire d'Orléans*, doit être considérée comme régu-
« lière, etc. » D'ou il suit qu'elle n'eût pas dû être considérée comme régulière si elle n'eût pas été libellée sur timbre, enregistrée et légalisée.

Reste la troisième condition, celle de l'enregistrement.

Nos motifs de décision seront les mêmes. La Société peut être tenue de présenter le pouvoir en justice pour prouver la sortie du sociétaire, et ce n'est pas à elle à supporter les frais de son enregistrement : c'est à l'assuré qui ne fait pas personnellement sa déclaration à supporter les conséquences de l'emploi d'un mandataire.

C'est d'ailleurs dans une prévision identique que toutes les administrations publiques exigent que les pouvoirs qui leur sont présentés soient enregistrés et nous ne voyons pas pourquoi les Compagnies d'assurances n'auraient pas le même droit.

M. Pouget (*Dictionnaire des assurances*, v° *Désistement*, p. 236), dit que cette prétention peut *jusqu'à un certain point* être admise. Pourquoi jusqu'à un certain point? Nous ne voyons pas pourquoi elle ne serait pas admise dans son entier.

Nous nous demandons, au reste, comment un tribunal, qui ne peut autoriser une partie à produire un acte sans qu'il soit enregistré, pourrait déclarer qu'un acte est régulier s'il n'a pas été soumis à la formalité de l'enregistrement? — Comment il pourrait dire qu'une partie a eu tort d'exiger l'enregistrement de l'acte qui lui est présenté et que l'autre partie a eu raison de refuser de se soumettre à cette obligation? — Comment il pourrait encourager ainsi une fraude des droits du fisc et la sanctionner?

<hr>

L'arrêt d'Angers du 22 décembre 1864 en matière de désistement.

(Écho, 1865, page 81.)

La question du désistement de l'assuré par actes autres que ceux prévus en l'article des statuts y relatif se trouve ramenée sur le tapis, et deux arrêts de date rapprochée, l'un de la Cour d'Angers, que nous avons publié dans le numéro d'avril 1865, l'autre de la Cour de Paris, que nous reproduisons plus loin, montrent encore une fois que la jurisprudence n'est pas définitivement fixée sur cette question intéressante, malgré les jugements et arrêts qui tant de fois ont affirmé le devoir, pour les parties, de s'en tenir à la lettre formellle et très-motivée des conditions de leurs contrats sur ce point.

Les dispositions de la police, dans le cas sur lequel a statué l'arrêt d'Angers, relatives au désistement, sont très-précises; elles stipulent que les déclarations de l'assuré devront être faites au siége de l'administration, ou chez l'agent, *en personne ou par fondé de pouvoirs.*

En fait, cette disposition, d'ailleurs librement consentie, n'a rien qui ne soit très-facilement praticable pour les intéressés.

Cependant, un assuré, malgré les termes impératifs de cette clause, ayant fait sa déclaration par lettre recommandée; la Cour d'Angers infirmant, comme on a vu, le jugement si parfaitement motivé du Tribunal civil du Mans, a décidé que la déclaration ainsi faite remplissait les conditions de la police; « attendu, dit l'arrêt, que l'assurance est un contrat de bonne foi dont les clauses et les termes doivent être interprétées équitablement. »

Le principe général qu'invoque ce considérant est d'une incontestable excellence ; mais il faut prendre garde à l'application.

Qu'est-ce qu'interpréter ? C'est chercher dans un texte, dont les termes peuvent laisser du doute, quelle a pu être la commune intention des parties ? mais quand cette commune intention est formellement et clairement exprimée, quand les termes sont tellement précis qu'il est impossible de se tromper sur le sens étroit de la stipulation, pourquoi interpréter, et remplacer cette stipulation par ce qu'on croit un équivalent ?

Or, en appréciant comme a fait la Cour d'Angers, elle a modifié profondément le sens de la stipulation relative au désistement. Si en effet les conditions du contrat portent que cette déclaration devra être faite en personne, ou par un fondé de pouvoirs, à tel ou tel endroit, c'est évidemment qu'elle ne peut être faite autrement... ou les termes choisis à dessein pour la rédaction des contrats deviennent lettre morte.

Si, en effet, la lettre chargée suffit à remplir les conditions du contrat pour les formes que l'assuré doit donner à son désistement, si cette lettre est l'équivalent de la déclaration faite en personne, que signifie, que devient alors, la clause particulière par laquelle est réservé à l'administration le droit de notifier la résiliation par lettre chargée ?

Une autre anomalie nous semble résulter de cette interprétation.

Si la lettre chargée est l'équivalent de la déclaration faite en personne, il en résulte que la clause en question se trouve ramenée à celle-ci : « La déclaration de désistement devra être faite soit en « personne au bureau de l'agent local, *soit par lettre chargée ;* soit « par fondé de pouvoirs. »

Mais alors qu'est-ce, en réalité, que la faculté d'option entre la lettre et le fondé de pouvoirs, sinon le complet effacement de ce dernier terme ? — Qui peut songer à l'emploi d'un fondé de procuration quand une lettre recommandée suffit?

L'interprétation de la Cour d'Angers emporte donc la formelle méconnaissance de l'intention commune des parties. Et cette intention se trouve tellement accentuée, les parties ont si bien distingué entre les deux actes regardés par l'arrêt comme équivalents, c'est-à-dire entre la déclaration faite en personne et la déclaration par lettre, qu'elles ont expressément réservé ce dernier mode à l'une d'elles seulement.

L'arrêt dit bien que « la volonté de Chanteau a été dûment manifestée, et qu'elle a été connue en temps utile. » Mais voilà justement ce qui montre le danger des interprétations en présence d'un texte impératif et précis. Ce n'est pas seulement le devoir pour l'assuré de manifester sa volonté en temps utile, qu'a pour objet l'article en question des statuts, c'est surtout, précisément, l'obligation de se présenter en personne, ou par fondé de pouvoirs, obligation qui forme l'un des éléments de la sécurité des Compagnies et des assurés eux-mêmes contre les manœuvres subalternes de la concurrence. On comprend très-bien, en effet, que tel assuré, sollicité par un agent rival de se désister, cèdera parfois à ses importunités, s'il lui suffit de signer une lettre que celui-ci lui présente toute faite et se charge d'expédier, tandis qu'il ne poussera pas la déférence à ces importunités, jusqu'à l'accomplissement d'actes personnels.

Ainsi donc, il y a deux objets en vue, deux intentions communes des parties dans l'article en question des conditions générales : l'une est de faire constater en temps utile la volonté de l'assuré par la signature; l'autre, et la plus importante pour les Compagnies, est l'obligation, pour l'assuré qui se désiste, d'apporter cette signature en personne au bureau de l'agent local, ou d'y envoyer un fondé de pouvoirs. Or, c'est de cette seconde des deux intentions communes des parties que l'arrêt d'Angers ne tient pas compte en s'attachant seulement à l'autre.

C'est d'ailleurs ce qu'a parfaitement apprécié dans un cas tout-à-fait identique une bien haute autorité qui vient donner force à nos observations, et dont nous reproduisons ici l'arrêt du 7 janvier 1859.

Il s'agissait également d'une déclaration par lettre chargée que, avec raison, refusait d'admettre la Compagnie intimée, refus que sanctionna la Cour de Paris.

« La Cour,

« Adoptant les motifs (1) des premiers juges, et considérant, d'une part, que la forme des renonciations réglées par les statuts originaires de la Compagnie est substantielle ; qu'elle a pour objet de satisfaire à un même intérêt sérieux de sécurité pour la Compagnie et pour tous les associés; qu'elle constitue dès lors un droit absolu pour la Compagnie et une obligation rigoureuse pour l'associé, et, d'une autre part, que si les anciennes polices ne contenaient pas le paragraphe final, ajouté en 1853 à l'art. 11 des statuts, il résulte des éléments de la cause que Flot a connu et approuvé les nouvelles polices contenant cette addition, et payé les primes antérieures à celles qui lui est demandée pour l'exercice de 1856 :

« Confirme. »

Et, comme on voit, la Cour de Paris allait plus loin en sens inverse que notre doctrine elle-même, puisque, dans l'espèce, elle faisait application du droit que nous invoquons, bien que la stipulation ne fût pas même sur l'ancienne police de l'assuré, se fondant seulement sur ce qu'il avait connu et approuvé les nouvelles.

On lira dans notre article *Jurisprudence* un cas, non pas tout-à-fait identique, mais analogue. Il s'agit d'un désistement fait par ministère d'huissier, que la Cour de Paris, en présence des termes formels de la police, a également refusé de considérer comme valable.

(*Voir ici,* p. 30.)

---

(1) Voir pour ces motifs l'*Écho* 1864, page 11 ; nous ne reproduisons pas ici le jugement que nous engageons nos lecteurs à relire, mais nous croyons utile de reproduire les importants motifs suivants :

« Attendu que le mode ainsi fixé pour se dégager de la Société est clair, précis et formel ; qu'il est exclusif de tous autres, et qu'il ne peut spécialement être remplacé par une déclaration contenue en une lettre recommandée adressée aux agents de la Compagnie ; qu'à cet égard l'exclusion de ce dernier moyen ressort du paragraphe final du même article 11, où la Compagnie se réserve (*mais à elle seule*), la faculté de résiliation en notifiant sa détermination au sociétaire, dans le délai ci-dessus fixé, par une simple lettre missive recommandée, qui sera transcrite sur le registre de correspondance de la direction générale ;

« Que c'est le cas d'appliquer l'adage : *Qui dicit de uno negat de altero ;* que cette différence de mode fixé pour chacune des parties contractantes s'explique, du reste, suffisamment par la nécessité de pourvoir, autant que possible, aux inconvénients graves et aux conséquences qui pourraient résulter d'un désistement inconsidéré ou intempestif, quelquefois surpris aux parties par suite de blâmables manœuvres de Compagnies rivales. »

JURISPRUDENCE.

Nullité de désistement par lettre chargée.

JUSTICE DE PAIX DU IIIᵉ ARRONDISSEMENT DE PARIS.

2 *septembre* 1859.

DÉCLARATION DE CESSATION. — MODE DÉTERMINÉ PAR LES STATUTS. —
LETTRES CHARGÉES.

*Des assurés d'une Société d'assurances mutuelles qui veulent user de
la faculté qui leur est accordée par les statuts de faire cesser leur
assurance à la fin de la période, doivent se conformer au mode de
déclaration indiqué par les statuts.*

La Prudence CONTRE PARDÉ ET CONSORTS.

« Attendu qu'aux termes de l'article 23 des statuts, le sociétaire
qui veut cesser son assurance à la fin d'une période de quatre années, doit en prévenir la Société par une déclaration faite trois mois
à l'avance, soit par lui-même, soit par un fondé de pouvoirs, au
siége de la Société, ou au bureau de l'agent principal de l'arrondissement ; que cette déclaration doit être consignée sur un registre,
spécialement tenu à cet effet, et signée par le sociétaire ou son fondé
de pouvoirs, et qu'il doit en être donné récépissé ;

« Attendu que cette forme de déclaration ainsi prescrite est substantielle et exclusive de toute autre ; qu'elle est considérée comme
pouvant seule garantir les droits de la Société et des assurés, et
qu'en conséquence l'assuré ne peut lui en substituer aucune à son
caprice ;

« Attendu qu'il est constant que les cités ne se sont pas conformés
à la prescription impérative des statuts ;

« Que la déclaration par lettre chargée qu'ils prétendent avoir en-
voyée le 31 août 1857, même en admettant que ce soit, serait ineffi-

cace pour les dégager et ne saurait suppléer la déclaration prescrite par les statuts;

« Que, dès lors, une nouvelle période de quatre ans a repris son cours au 1ᵉʳ janvier 1858;

« Condamne, etc. »

Ce jugement est conforme à celui du Tribunal civil de Chalon-sur-Saône, en date du 11 février 1859, et à celui du Tribunal de première instance de Vitry-le-François, confirmé par arrêt de la Cour impériale de Paris, en date du 7 février dernier.

JUSTICE DE PAIX DU CANTON DE DOUVRES

Audience du 22 février 1862.

ET TRIBUNAL CIVIL DE PREMIÈRE INSTANCE DE CAEN.

Audience du 19 mai 1862.

SOCIÉTÉ MUTUELLE. — CESSATION D'ASSURANCE. — LETTRE CHARGÉE. — JUSTICE DE PAIX. — DERNIER RESSORT.

Lorsque les statuts d'une Société d'assurance mutuelle indiquent les formalités à suivre pour faire cesser l'assurance à la fin de chaque période, soit quatriennale, soit quinquennale, l'assuré ne peut employer un autre mode que celui indiqué par les statuts, et notamment il ne lui suffit pas de faire connaître sa volonté au moyen d'une lettre chargée, si les statuts prescrivent qu'il devra faire sa déclaration au siège de la direction, soit en personne, soit par un fondé de pouvoirs.

Lorsque l'assuré, cité devant un juge de paix en paiement d'une somme inférieure à 100 francs, oppose la résiliation de son assurance, cette exception ne modifie pas la limite de la compétence du juge de paix, qui n'est déterminée que par le chiffre de la demande principale, et le jugement n'est pas moins en dernier ressort (1).

Divers assurés avaient déclaré *par lettre chargée* leur intention de

---

(1) *L'Écho des Assurances* (t. II, p. 176) a rapporté un arrêt de la Cour de cassation, en date du 22 juillet 1861, qui, d'après les mêmes principes, a décidé que le juge de paix peut connaître de cette demande reconventionnelle en résiliation présentée comme exception, quoiqu'elle eût excédé les limites de sa compétence si elle eût été présentée comme demande principale.

résilier leur assurance à la Société *le Centre mutuel ;* cette Société
n'avait pas accepté cette résiliation, prétendant qu'elle n'était pas
faite selon le mode prescrit par les statuts, et avait maintenu l'assurance. Lorsqu'elle demanda à ses sociétaires le paiement de leurs
contributions pour l'année échue, ceux-ci prétendirent que leur assurance ayant été résiliée, ils ne devaient rien, parce que les contributions demandées devaient se compenser avec le dépôt de garantie
fait par eux au moment de leur entrée à la Société, lequel devait leur
être remboursé à leur sortie.

Le juge de paix du canton de Douvres, devant lequel ils avaient
été cités, avait statué en ces termes :

« Considérant qu'aux termes de l'article 7 des statuts de la Société
d'assurances *le Centre mutuel,* le sociétaire qui entend se retirer de
la Société doit en faire la déclaration, soit par lui-même, soit par un
fondé de pouvoirs, au siége de la direction ;

« Considérant que, bien qu'onéreuse et souvent difficile (1), cette
forme de déclaration ainsi prescrite est exclusive de toute autre que
l'assuré voudrait y substituer, lors même qu'elle pourrait obtenir le
même résultat ;

« Considérant, dès lors, que la déclaration par lettre chargée est
inefficace pour dégager les défendeurs, puisqu'ils ne se sont pas conformés à la prescription impérative des statuts ;

« Par ces motifs, disons à bon droit l'action intentée par les de-
mandeurs (les directeurs du *Centre mutuel*), et condamnons conjoin-
tement les défendeurs à payer à la Société *le Centre mutuel* la somme
de..... »

Appel de ce jugement a été interjeté par les sociétaires devant le
Tribunal de première instance de Caen.

La Société a soutenu d'abord que la demande par elle formée contre chacun des appelants et la demande reconventionelle formée par
chacun d'eux en remboursement de leur dépôt de garantie étant inférieur à 100 francs, le jugement était en dernier ressort et l'appel

---

(1) Les statuts des Sociétés mutuelles sont l'œuvre du Conseil d'État, et ils doivent être observés, suivant décret d'autorisation, sous peine du retrait de l'autorisation.

non recevable ; au fond, elle demandait la confirmation de la décision du juge de paix.

Sur quoi est intervenu le jugement suivant :

« Sur la première question (celle du dernier ressort) :

« Attendu que les diverses demandes introduites par *le Centre mutuel* contre les appelants ont été formées par des citations distinctes, et que chacune desdites demandes, y compris les 100 francs réclamés pour dommages-intérêts, applicables pour un cinquième à chacun des appelants, est inférieure à 100 francs, d'où il suit que, sous ce rapport, le jugement dont est appel aurait été rendu en dernier ressort ;

« Attendu qu'à la vérité, Quinquemelle et joints ont, pour faire repousser l'action du *Centre mutuel*, prétendu que le contrat d'assurance s'était trouvé résilié par suite d'une déclaration par eux faite dans une lettre chargée adressée à la Société, et que, par suite, ils ont opposé en compensation la part à eux revenant dans le fonds de prévoyance ;

« Mais attendu que le moyen basé sur la résiliation du contrat ne change pas la nature du premier ou du dernier ressort ; — qu'il ne constitue pas une demande reconventionnelle, mais uniquement une défense à l'action principale ;

« Attendu qu'il en est de même de la demande en compensation, laquelle, dans l'espèce, était inférieure à 100 francs pour chacun des appelants ;

« Attendu, dès lors, que la fin de non-recevoir opposée par *le Centre mutuel* doit être accueillie ;

« Sur la deuxième question (celle de la validité de la réalisation) :

« Attendu que l'article 7 des statuts auxquels les appelants ont adhéré, impose aux assurés qui veulent se retirer de la Société l'obligation de le déclarer eux-mêmes ou par un fondé de pouvoirs au siége de la Société, qui leur en donne récépissé ;

« Attendu que ce mode de procéder n'a pas été suivi par Quinquemelle et joints, et que celui auquel ils ont eu recours est contraire à la lettre de cedit article et à l'esprit qui a présidé à sa rédaction ;....

« Par ces motifs, le Tribunal....., rejette, comme *non recevable* et

en tous cas *mal fondé*, l'appel interjeté par Quinquemelle et consorts ;
les condamne à l'amende ordinaire et aux dépens. »

Observations. Il a été établi (t. Ier, p. 217 de *l'Écho des Assurances*), qu'un arrêt de la Cour impériale de Paris, en date du 7 février
1860, confirmatif d'un jugement du Tribunal civil de Vitry-le-François, avait statué dans le même sens.

Ces questions sont, pour les Sociétés mutuelles, d'une grande importance. Nous ne pensons pas qu'aucune d'elles refuse de recevoir
une déclaration de résiliation, lorsqu'elle paraît être la sincère expression de la volonté bien arrêtée de l'assuré ; mais lorsqu'elle porte
un autre caractère, comme les tribunaux ont eu trop souvent occasion de l'établir, il est de leur intérêt, — nous dirions presque de
leur devoir, — de tenir la main à l'application rigoureuse de leurs
statuts.

Du reste, il a été expliqué (t. II, p. 21 et suiv. du même recueil)
que, dans une Société mutuelle, l'assuré n'étant autre chose qu'un associé, et l'association étant contractée par lui pour toute la durée de
la Société, conformément aux art. 1844 et 1865 du Code Napoléon,
la résiliation de l'assurance, c'est-à-dire la rupture de l'association
au regard de l'un des membres de la Société, est un acte aussi important que la formation même de l'assurance, c'est-à-dire l'admission d'un nouveau membre dans la Société ; — qu'en conséquence,
les formes prescrites pour la *résiliation* du contrat doivent être aussi
strictement observées que celles prescrites pour sa *formation*.

Aussi les statuts disent-ils *qu'il devra être donné à l'assuré récépissé de sa déclaration de cessation*, comme ils disent ailleurs qu'il
lui sera donné, par une police, récépissé de son adhésion, parce que
la rupture du contrat doit être synallagmatique comme le contrat lui-
même.

Il est d'ailleurs d'autant plus indispensable pour les Sociétés mutuelles de se renfermer, quant à l'acceptation des déclarations de résiliation, dans l'observation rigoureuse de leurs statuts, que les rôles
peuvent parfois se trouver intervertis. En cas de sinistre, il serait
possible que l'assuré, dont la résiliation aurait été faite d'une manière
irrégulière, prétendît à son tour que cette résiliation n'était pas valable ; — qu'en conséquence, l'assurance a continué d'avoir son effet,
et que la Compagnie est tenue de l'indemniser de sa perte. C'est

donc aussi pour se mettre à l'abri de réclamations ultérieures, — mal fondées en équité, mais qui pourrait paraître fondées en droit, et dont les conséquences pourraient être fort graves, — que les Sociétés mutuelles doivent tenir à l'observation des formes prescrites par les statuts pour la validité des résiliations.

<hr>

TRIBUNAL CIVIL DE VITRY-LE-FRANÇOIS.

Audience du 11 *février* 1858.

ET COUR IMPÉRIALE DE PARIS.

Audience du 7 *janvier* 1859.

SOCIÉTÉ MUTUELLE. — DÉCLARATION DE CESSATION. — MODE INDIQUÉ PAR LES STATUTS.

Les déclarations de cessation d'assurance à la fin de la période doivent, pour opérer la résiliation, être faites selon la forme indiquée par les statuts, et ne sauraient être faites par lettres chargées, si les statuts n'indiquent pas ce mode.

Un sieur Flot avait envoyé, par lettre chargée, sa déclaration de cessation d'assurance à la Société mutuelle de *la Marne*. Celle-ci n'ayant pas considéré cette déclaration comme suffisante pour opérer la résiliation de l'assurance, l'avait maintenue, et avait assigné le sociétaire en paiement des contributions de l'année suivante.

JUGEMENT.

« Le Tribunal,

« Attendu que les conventions légalement formées tiennent lieu de loi à ceux qui les ont faites ;

« Attendu que les statuts de la Compagnie d'assurances de *la Marne* ont été acceptés par Flot, qui y a adhéré formellement ; que ces statuts sont joints à la police qui lui a été remise, et que dès lors le contrat s'est trouvé cimenté entre lui et cette Compagnie dans les termes et avec les obligations réciproques énoncées auxdits statuts ;

« Attendu qu'ils portent, article 11, que « trois mois au moins « avant l'expiration de son engagement alors courant, le sociétaire « ou son ayant-droit doit faire par lui-même ou par un fondé de

« procuration, légalisée et enregistrée, soit chez le directeur, soit
« chez les agents principaux dans les arrondissements, une décla-
« ration, de laquelle il lui est donné récépissé, qu'il entend renoncer
« à l'assurance de la Société à l'expiration de son engagement ac-
« tuel ; qu'à défaut de cette déclaration, avant ou à l'époque ci-
« dessus déterminée, le sociétaire ou son ayant-droit est réengagé
« à la Société pour une nouvelle série de cinq ans ; »

« Attendu que le mode ainsi fixé pour se dégager de la Société
est clair, précis et formel ; qu'il est exclusif de tous autres, et qu'il
ne peut spécialement être remplacé par une déclaration contenue en
une lettre recommandée adressée aux agents de la Compagnie ; qu'à
cet égard l'exclusion de ce dernier moyen ressort du paragraphe
final du même article 11, où la Compagnie se réserve (mais à elle
seule) la faculté de résiliation en notifiant sa détermination au sociétaire dans le délai ci-dessus fixé par une simple lettre missive recommandée, qui sera transcrite sur le registre de correspondance
de la direction générale ;

« Que c'est le cas d'appliquer l'adage : *Qui dicit de uno negat de
altero* ; que cette différence de mode fixé par chacune des parties
contractantes s'explique, du reste, suffisamment par la nécessité de
pourvoir, autant que possible, aux inconvénients graves et aux conséquences qui pourraient résulter d'un désistement inconsidéré ou
intempestif, quelquefois surpris aux parties par suite de blâmables
manœuvres de Compagnies rivales ;

« Attendu, dès lors, que la renonciation à l'assurance, faite par
lettre missive recommandée, à la Compagnie de *la Marne* par Flot
n'a pu avoir l'effet de le dégager vis-à-vis de cette Compagnie ; qu'il
en résulte que, faute par lui de s'être conformé aux prescriptions de
l'article 11 de ladite Compagnie, il se trouve engagé avec elle comme
sociétaire, en ce qui concerne les polices nᵒˢ 292 et 297, pour une
nouvelle période de cinq ans, à compter de février 1856 ;

« En conséquence, le condamne, etc. »

M. Flot a interjeté appel de ce jugement devant la Cour impériale
de Paris.

ARRÊT.

« La Cour,

« Adoptant les motifs des premiers juges, et considérant, d'une

4*

part, que la forme des renonciations réglée par les statuts originaires de la Compagnie est substantielle ; qu'elle a pour objet de
satisfaire à un intérêt sérieux de sécurité pour la Compagnie et pour
tous les associés ; qu'elle constitue dès lors un droit absolu pour la
Compagnie et une obligation rigoureuse pour l'associé, et, d'une
autre part, que si les anciennes polices ne contenaient pas le paragraphe final, ajouté en 1853 à l'article 11 des statuts, il résulte des
documents de la cause que Flot a connu et approuvé les nouvelles
polices contenant cette addition et payé les primes antérieures à
celle qui lui est demandée pour l'exercice de 1856 ;

« Confirme. • »

JUSTICE DE PAIX DU 12ᵉ ARRONDISSEMENT DE PARIS.

Audience du 29 janvier 1863.

**DÉCLARATION DE CESSATION D'ASSURANCE. — LETTRE CHARGÉE. —
NULLITÉ.**

*La déclaration de cessation d'assurance à l'expiration de la période
doit être faite selon le mode prescrit par les statuts.*
*Une lettre chargée ne suffit pas pour opérer la résiliation du contrat,
si les statuts n'ont pas indiqué cette forme de déclaration* (1).

JUGEMENT.

« Attendu que les administrateurs de la Compagnie *le Centre mutuel*, par l'organe de leur mandataire, ont conclu à ce que Héroult
fût condamné en 49 fr. 75 c. pour contribution aux charges sociales
et enregistrement de la police d'assurance, en date du 28 décembre
1858, enregistré à Paris le 19 juin dernier ;

« Attendu qu'il est constant, en fait, que Héroult, en sa qualité
de sociétaire, s'appuyant sur l'article 7 des statuts de la Compagnie
d'assurance contre l'incendie dite *le Centre mutuel*, a déclaré au directeur de cette Compagnie, par une lettre chargée reçue en temps

---

(1) Cour de Paris, 7 février 1860; *Echo des Ass.*, t. Iᵉʳ, p. 217. — Tribunal civil
de Caen, 19 mai 1862; *Echo des Ass.*, t. III, p. 197.

utile, qu'il ne faisait plus partie de la Société, l'invitant à tenir acte de sa déclaration sous forme de lettre chargée ;

« Qu'il s'agit d'examiner si Héroult a suffisamment satisfait aux prescriptions des statuts, et s'il a ou non cessé d'être sociétaire ;

« Que l'article 7 est ainsi conçu : « La déclaration de l'assuré so-« ciétaire qui entend se retirer de la Société sera faite soit par lui-« même, soit par un fondé de pouvoirs, au siége de la direction ; il « en sera donné récépissé ; »

« Attendu que ce mode de résiliation du contrat d'assurance prescrit par l'article 7 a été imposé à Héroult, et consenti par lui en sa qualité de sociétaire ; que ce mode de résiliation fait la loi des parties et ne peut être remplacé utilement par une simple déclaration par lettre chargée ;

« Que ce mode de procéder a, d'ailleurs, une une utilité pratique difficilement remplacée par tout autre mode de résiliation ; qu'il laisse au siége de la direction une pièce certaine de rupture d'un contrat certain, minute permanente qui peut toujours être invoquée pour ou contre le sociétaire sortant, et être représentée au liquidateur ;

« Qu'en conséquence Héroult n'a pas cessé de faire partie de la Société *le Centre mutuel*, et qu'il doit en acquitter les charges ;

« Attendu qu'il ne s'élève aucun débat sur le chiffre de la somme réclamée ;

« Par ces motifs..., condamne Héroult à payer la somme de 49 francs 75 c. pour les causes ci-dessus ; le condamne en outre aux dépens. »

Extrait du greffe de la Justice de paix du canton de Colmar (Haut-Rhin).

JUGEMENT DU 27 JANVIER 1865.

JUGE DE PAIX. — COMPÉTENCE. — DÉCLARATION DE CESSATION D'ASSU-RANCE FAITE VERBALEMENT ET RENOUVELÉE PAR LETTRE CHARGÉE.

Lorsque la demande principale ne dépasse pas le taux de la compétence du juge de paix, ce juge, appelé à décider de la demande, est compétent pour statuer aussi sur l'exception.

*Lorsque les statuts d'une Compagnie d'assurance imposent à l'assuré
un mode spécial de déclaration de cessation d'assurance, l'assuré ne
peut pas y suppléer par un autre mode, tel que, par exemple, une déclaration verbale, même renouvelée et confirmée par lettre chargée.*

Le juge de paix du canton de Colmar a rendu le jugement suivant :

« Entre la Société d'assurance, dite *le Centre mutuel*, poursuites
et diligences de M. Doll, son directeur, demanderesse, d'une part ;

« Et MM. Lévy frères, marchands de cuirs, demeurant à Colmar,
défendeurs, d'autre part.

« La demanderesse, par l'organe de son directeur, a conclu à ce
qu'il plût au Tribunal de paix condamner les défendeurs à lui payer
la somme de 39 fr. 85 c. qu'ils lui doivent pour prime d'assurance
échue le 31 décembre 1864, aux intérêts du jour de la demande et
aux dépens.

« Les défendeurs, pour leur défense, ont conclu à l'incompétence,
et subsidiairement à ce que la Société *le Centre mutuel* fût déboutée
de sa demande, pour le motif que, plus de trois mois avant l'expiration de la période de quatre ans, ils ont déclaré à l'agent de la Société à Colmar, que leur intention était de se retirer de la Société,
et qu'ils ont réitéré cette déclaration par une lettre chargée, en
date du 19 décembre dernier, adressée au siége de la Compagnie à
Paris.

« Parties entendues en leurs dires et conclusions, il a été rendu
le jugement suivant :

« Vu la loi du 25 mai 1838, art. 1er, ainsi conçu :

« Les Juges de paix connaissent de toutes les actions personnelles
« ou mobilières, en dernier ressort, jusqu'à la valeur de 100 francs,
« et à charge d'appel jusqu'à la valeur de 200 fr.; »

« En ce qui touche les moyens de compétence :

« Attendu qu'il est de principe que le juge de l'action est en même
temps juge de l'exception ; qu'il lui appartient donc d'apprécier les
motifs que les défendeurs font valoir pour repousser la demande,
alors que le chiffre de la contestation n'excède pas les limites de sa
juridiction ;

« Attendu que le montant total de quatre primes qui font l'objet
de la contestation, et dont une seule est échue, ne s'élève qu'à 159

francs **20** cent.; qu'il s'agit donc d'une demande déterminée soumise à l'appréciation du Juge ;

« Par ces motifs,

« Sans nous arrêter, à l'exception des défendeurs, dont ils sont déboutés, déclarons notre compétence ;

« Et statuant sur la demande :

« Attendu que la Société d'assurance *le Centre mutuel*, par l'organe de son mandataire, a conclu à ce que les défendeurs fussent condamnés à 39 fr. 85 c. pour primes d'assurance échues le 31 décembre dernier ;

« Attendu qu'il est établi et non dénié que les défendeurs, en qualité de sociétaires, s'appuyant sur l'article 7 des statuts de ladite Société, ont déclaré, plus de trois mois avant l'expiration de la période de quatre ans, à l'agent de la Société à Colmar, M. Wolf, qu'ils ne voulaient plus faire partie de la Société, et qu'à cet effet ils ont renouvelé leur déclaration par lettre chargée, en date du 19 décembre dernier seulement, au siége de la Société à Paris ;

« Qu'il s'agit d'examiner si les défendeurs ont suffisamment satisfait aux prescriptions des statuts, s'ils ont ou non cessé d'être sociétaires ;

« Attendu qu'aux termes de l'article 7 des statuts, la déclaration de l'assuré sociétaire, qui entend se retirer de la Société, doit être faite soit par lui-même, soit par un fondé de pouvoirs, au siége de la direction, au moins trois mois avant l'expiration de la période de quatre ans, et qu'il lui en sera donné récépissé ;

« Attendu que ce mode de résiliation du contrat d'assurance, prescrit par l'article 7 des statuts, a été imposé aux frères Lévy et consenti par eux, en leur qualité de sociétaires; que ce mode de résiliation fait la loi des parties, et ne peut être remplacé par la simple déclaration à l'agent de Colmar, et encore moins par leur déclaration tardive faite par lettre au siége de la direction ;

« Qu'en conséquence, les frères Lévy n'ont pas cessé de faire partie de la Société *le Centre mutuel*, et qu'ils doivent en acquitter les charges ;

« Attendu qu'il ne s'élève aucune difficulté sur le chiffre de la réclamation ,

« Par ces motifs,

« Nous, Juge de paix, condamnons les défendeurs à payer à la demanderesse la somme de 39 fr. 85 c., pour les causes susmentionnées, et les condamnons en outre aux dépens. »

Nullité de désistement par exploit d'huissier

TRIBUNAL CIVIL DE LA SEINE (5ᵉ CHAMBRE.)

Audience du 29 janvier 1863.

ASSURANCES MUTUELLES. — RÉSILIATION DU CONTRAT. — ACTE EXTRA-JUDICIAIRE. — JUGE DE PAIX. — COMPÉTENCE.

La demande en paiement d'une somme n'excédant pas 200 francs, formée par une Compagnie d'assurances mutuelles contre un mutualiste pour sa portion contributoire aux charges sociales, est de la compétence du Juge de paix, alors que le défendeur soutient que le contrat d'assurance est résilié (1).

L'assuré qui, aux termes de sa police, doit, pour résilier le contrat d'assurance après une période déterminée, faire au siége de la Compagnie, soit par lui-même, soit par mandataire spécial, une déclaration inscrite sur les registres sociaux, ne peut substituer à cette déclaration verbale une notification extrajudiciaire, bien que, de son côté, la Compagnie se soit réservé le droit de résilier, en manifestant sa volonté par une simple signification.

L'article 23 des statuts de la Compagnie d'assurances mutuelles contre l'incendie, *la Prudence*, permet à la Compagnie de résilier le contrat d'assurance après une période déterminée, en manifestant sa volonté une par simple signification extrajudiciaire faite à l'assuré; mais il impose à celui-ci, s'il veut faire cesser l'assurance, l'obligation de faire au siége de la Compagnie, soit par lui-même, soit par un mandataire spécial, une déclaration inscrite sur les registres sociaux. Un des mutualistes, le sieur Franche, cultivateur à Coulommiers, vou-

---

(1) Cassation, 27 juin 1860, *Echo des Assurances*, t. III, p. 104 ; — Cassation, 22 juillet 1861, *ibid.*, t. II, p. 176 et la note.

lant se retirer de la Société, s'est borné à faire connaître sa détermination à *la Prudence*, par acte extrajudiciaire du 27 septembre 1860. Poursuivi postérieurement en paiement d'une somme de 110 francs, représentant sa portion contributive aux charges sociales du 1er octobre 1860 au 30 septembre 1861, il a répondu qu'il était délié de toutes obligations envers la Société depuis le 27 septembre 1860.

Saisi de la contestation, M. le Juge de paix du 2e arrondissement de la ville de Paris, considérant que la question soulevée n'était pas de savoir si la déclaration du sociétaire, stipulée par l'article 23 des statuts, ne peut être remplacée ;—qu'elle était seulement de décider. si, dans l'espèce, l'exploit notifié à la requête de Franche, le 27 septembre, pouvait remplacer la déclaration ; — que les parties reconnaissaient que cet exploit ne portait la signature de Franche, ni sur l'original ni sur la copie ; — que la déclaration de l'associé, lorsqu'elle est signée de lui ou de son mandataire, suivant le mode stipulé, revêt un caractère de certitude qui ne peut être effacé que par une dénégation de signature ; — qu'il n'en est point ainsi de l'exploit non signé de la partie requérante ; — que l'exploit ne fait foi que du fait de sa notification à la partie à laquelle il est adressé ; — que, contre la partie qui y figure comme requérante, il ne fait pas foi du mandat qu'elle aurait donné de le notifier ; — qu'il serait anéanti par le désaveu ; — que, n'offrant pas la condition de certitude résultant du mode stipulé, il ne peut être imposé comme équivalent ; — qu'en conséquence, la Compagnie avait le droit de considérer Franche comme faisant toujours partie de l'association, a condamné ce dernier à payer les 110 francs réclamés.

Appel a été interjeté de cette sentence.

Me Denormandie, avocat du sieur Franche, a soutenu d'abord que M. le Juge de paix était incompétent, puisque l'existence même du contrat d'assurance était mise en question ; il a prétendu ensuite que l'article 23 des statuts de *la Prudence*, perdu au milieu d'autres dispositions sans intérêt, était exorbitant, et n'avait qu'un but, celui de retenir malgré eux dans la Société les assurés, en leur rendant difficile et onéreux l'exercice du droit de résiliation ; cet article, d'ailleurs, consacre une inégalité inadmissible entre les droits du sociétaire et celui de la Compagnie. En fait, l'appelant a notifié par un acte d'huissier qu'il n'a pas désavoué depuis, et que *la Prudence* ne

nie pas avoir reçu, son intention de résilier le contrat d'assurance;
pourquoi une telle signification aurait-elle moins de valeur qu'une
.déclaration verbale faite dans les termes de l'article 23 ?

« Le Tribunal,

« En ce qui touche le moyen de compétence :

« Attendu que le chiffre des contestations s'élève à 110 francs;
que M. le Juge de paix était donc compétent pour en connaître ; qu'à
la vérité, Franche se refusait au paiement de cette somme, prétendant qu'il était délié de ses engagements par suite de la notification
par lui faite à la Compagnie, qu il y avait ainsi à apprécier une question d'interprétation des statuts ;

« Attendu qu'il est de principe que le juge de l'action est juge de
l'exception ; que M. le Juge de paix, compétent pour apprécier la demande, était nécessairement compétent pour apprécier les motifs
que le défendeur pouvait faire valoir pour la repousser ;

« Au fond :

« Attendu que Franche, assuré et conséquemment l'un des associés de la Société *la Prudence*, a accepté, en souscrivant sa police,
les statuts tels qu'ils existaient et qu'il ne peut aujourd'hui, soit parce
qu'il prétendrait les avoir ignorés, soit pour toute autre cause, se refuser à leur exécution ;

« Que si, aux termes de l'article 23 des statuts, un assuré peut
se retirer de la Société et se soustraire à ses obligations résultant de
sa police, il ne peut le faire que de la manière et dans la forme pré-
vues et indiquées ; que les prescriptions de l'article 23 sont formelles
et précises ; qu'il n'est pas seulement obligé de faire connaître son
intention, mais qu'il est tenu de la faire connaître dans les formes
qui ont été prescrites ;

« Que le Tribunal n'a pas à rechercher si la Société, de son côté,
a été astreinte à une obligation pareille ; que les droits de la Société
et ceux de l'assuré peuvent être différents, et qu'il doit, en tous cas,
satisfaire aux obligations qui lui incombent et auxquelles il a adhéré
par la signature de sa police ;

« Adoptant au surplus les motifs du premier juge...,

« Confirme. »

JUSTICE DE PAIX DU VIIIe ARRONDISSEMENT DE BORDEAUX.

Audience du 11 *juin* 1863.

DÉCLARATION DE CESSATION D'ASSURANCE. — FORME INDIQUÉE PAR LES STATUTS. — ACTE EXTRAJUDICIAIRE NON SIGNÉE DE L'ASSURÉ. — NON-VALIDITÉ.

La déclaration de cessation d'assurance à la fin d'une période quatriennale ou quinquennale doit être faite dans les formes indiquées par les statuts.

La signification extrajudiciaire, non signée de l'assuré, ne saurait produire d'effet si elle n'a pas été indiquée par lesdits statuts.

Les statuts de la Société du *Centre mutuel* portent, article 7, que l'assuré, qui veut faire cesser son assurance à la fin d'une période quatriennale, doit en faire la déclaration au siége de la Société, soit en personne, soit par un fondé de pouvoirs.

Une déclaration de cessation ayant été signifiée au siége de la direction à la requête d'un sieur Ribière, par un acte extrajudiciaire, la Société refusa de l'accepter, parce que cette signification, n'étant pas signée de l'assuré, ne pouvait être considérée comme équivalant à un pouvoir et ne remplissait pas le vœu des statuts ; en conséquence, elle maintint l'assurance, et l'année suivante demanda au sieur Ribière le paiement de sa cotisation, montant à 93 fr. 90 c.

Celui-ci refusa le paiement, disant qu'il n'était plus assuré.

JUGEMENT.

« Attendu que Ribière, en signant sa police d'assurance du 30 juin 1856 avec la Compagnie *le Centre mutuel*, a accepté toutes les dispositions des statuts imprimées sur ladite police d'assurance, et notamment celles comprises dans l'article 7 ;

« Attendu que, s'il voulait se soustraire aux obligations résultant de sa police (la prolongation de l'assurance), il ne pouvait le faire que dans les formes qui y sont indiquées, et non dans une autre forme qu'il a pu croire équivalente et qui ne l'était pas, d'après les termes formels de la convention écrite ;

« Attendu que l'exploit notifié par l'huissier de Ribière ne peut remplacer la déclaration qui était nécessaire, puisqu'il ne porte pas la signature de Ribière, et n'offrait pas à la Compagnie *le Centre mutuel* le degré de certitude résultant pour elle de l'exécution des dispositions précises de l'article 7; qu'ainsi la Compagnie *le Centre mutuel* est fondée dans sa demande en paiement de la somme de 93 fr. 90 c. ;

« Le Tribunal condamne Ribière à payer la somme de 93 fr. 90 c., etc. »

JUSTICE DE PAIX DE VERZY.

Audience du 4 août 1863.

DÉCLARATION DE CESSATION D'ASSURANCE. — SIGNIFICATION EXTRA-JUDICIAIRE. — NULLITÉ.

Les formes prescrites par les statuts pour la déclaration de cessation d'assurance à une Société mutuelle doivent être observées à peine de nullité de la déclaration. — En conséquence, la déclaration par acte d'huissier ne fait pas cesser l'assurance, si ce mode n'a pas été indiqué par les statuts (1).

« Ouï les parties en leurs dires et conclusions,

» Attendu, en fait, que par exploit de M⁰ Gillot, huissier à Reims, en date du 28 novembre 1861, le défendeur a fait déclarer à la *Compagnie d'assurances mutuelles contre l'incendie de la Marne* qu'il entendait se désister du contrat d'assurance passé entre ladite Compagnie et lui pour cinq années, du 1ᵉʳ mars 1852;

« Que les formalités suivies par les parties contractantes pour faire cesser leur engagement quinquennal sont prescrites en termes dont la prévision indique assez qu'elles sont de rigueur dans l'article 11 des statuts de la Compagnie, dont une copie a été remise à l'assuré lors de son engagement;

« Qu'il est impossible de considérer l'acte de renonciation signifié par l'huissier comme remplissant les conditions imposées à l'assuré

---

(1) Cour de Paris, 7 février, 1860; *Écho des Assurances,* t. I, p. 217. — Tribunal civil de Caen, 19 mai 1862; *ibid.,* t. III, p. 197. — Tribunal civil de la Seine, 26 janvier 1863; *ibid., supra,* p. 58. — Justice de paix de Bordeaux, 16 juin 1863; *supra*, p. 134. — Justice de paix de Paris, 24 juillet, 1863; *supra,* p. 159.

pour son désistement, puisqu'à défaut de faire sa déclaration lui-même, ce dernier devait la faire par un fondé de pouvoir enregistré, et dont la signature fût légalisée ;

« Qu'en aucun cas, d'ailleurs, l'huissier, lorsqu'il exerce les fonctions de son ministère, ne saurait être assimilé à un fondé de pouvoir, mais qu'il est simplement un officier public, agissant sur la réquisition personnelle d'un client ou de son fondé de pouvoir ;

« En droit :

« Attendu que le montant de la demande ne dépasse pas la compétence du juge de paix, et que tout ce qui peut y être relatif, en ce qui concerne les moyens opposés par le défendeur tombe par conséquent sous sa juridiction ;

« Attendu que Rigaut ne pouvait faire régulièrement sa déclaration de désistement que suivant une des formes prescrites par l'article 11 précité des statuts de la Compagnie, parce que toute convention librement faite et acceptée par deux parties contractantes est obligatoire pour chacune d'elles ;

« Que pour le cas dont il s'agit, les parties doivent être censées avoir eu pour but de se garantir mutuellement contre tout malentendu, toute erreur ou manœuvre pouvant préjudicier à leurs droits respectifs, et qu'en stipulant entre elles un mode de libération d'engagement, ce mode devait, par suite, être considéré comme exclusif de tout autre :

« Attendu qu'il résulte de ce qui précède que Rigaut a dérogé à l'une des conditions principales de son pacte avec la *Compagnie de la Marne*, et que cette dérogation entraîne la nullité du moyen dont il s'est servi pour se désister ;

« Que dès lors qu'il n'a point été virtuellement délié de son engagement envers la Compagnie, cet engagement a continué d'exister, et que les délais de rigueur étant écoulés avant qu'il fût rompu, il a été renouvelé pour une période de cinq ans, par suite de la tacite reconduction (1) ;

---

(1) Nous avons déjà dit que, dans la prorogation de l'assurance après l'expiration d'une période quatriennale ou quinquennale, il n'y avait pas renouvellement tacite du contrat, mais simplement continuation ; que le contrat en mutualité n'est pas fait pour quatre années, sauf à être renouvelé tacitement de période en période, mais qu'il est fait pour toute la durée de la Société, avec la faculté de le rompre à la fin

« Par ces motifs, déclarons la *Compagnie d'assurances mutuelles la Marne* fondée, et, en conséquence, recevable en sa demande contre Rigaut, et condamnons ce dernier à payer à ladite Compagnie la somme de 4 fr. 30 c. qu'il lui doit pour primes des deux années 1862-1863, 1863-1864 échues ;

« Le condamnons, en outre, aux intérêts de droit et aux frais liquidés à 25 c. pour l'invitation, 9 fr. 50 c. pour la citation ; en outre, aux coût, levée et signification du jugement de renvoi en délibéré et du jugement. »

COUR IMPÉRIALE DE PARIS (1re ch.).

Présidence de M. le premier président Devienne.

Audience du 18 mars 1865.

ASSURANCE CONTRE L'INCENDIE.—NOTIFICATION PAR HUISSIER DE LA CESSATION DE L'ASSURANCE. — NON ACCEPTATION PAR LA COMPAGNIE. — MAINTIEN DU CONTRAT.

L'acceptation d'une clause des statuts d'une Compagnie d'assurance, qui soumet la renonciation au contrat à une déclaration faite chez un des agents de la Compagnie par l'assuré lui-même, ou son fondé de procuration légalisée et enregistrée, rend sans effet la renonciation dudit assuré notifiée par acte d'huissier, alors surtout que la Compagnie a répondu qu'elle n'entendait point l'accepter en ces termes.

Parmi les agents qui recrutent de tous côtés des clients aux Compagnies d'assurances, il s'en rencontre un assez grand nombre, si l'on s'en rapporte aux allégations de la Compagnie défenderesse au procès, qui, non contents de se livrer aux démarches usitées ordinairement en pareil cas, y joignent la spécialité d'enlever aux Compagnies rivales les assurés qui ont contracté avec elles.

Pour remédier à cet état de choses et rendre moins aisé ce genre de spéculation, les Compagnies d'assurances mutuelles, et en particulier celle du département de la Marne, ont inséré dans leurs sta-

---

de chaque période ; qu'en conséquence, le mot *tacite reconduction* est employé à tort pour exprimer cette continuation du contrat.

tuts une clause, par laquelle l'assuré ne peut renoncer à son contrat qu'au moyen d'une déclaration faite chez un agent de la Compagnie par lui-même, ou par un fondé de procuration légalisée.

Cette clause est-elle tellement impérieuse qu'elle rende sans effet
les notifications faites dans le même but par les officiers publics
spécialement désignés pour signifier les actes de cette nature? Telle
était la question née dans les circonstances suivantes :

M. Mongeois est assuré à la Compagnie d'assurances mutuelles
contre l'incendie pour le département de la Marne, pour plusieurs
périodes, dont la première devait prendre fin le dernier jour de février 1862.

Trois mois avant l'expiration de ce terme, pour se conformer au
délai indiqué par les statuts, M. Mongeois a fait notifier à la Compagnie *la Marne*, par exploit d'huissier, qu'il entendait cesser d'être
sociétaire à partir de ladite époque, fin février 1862.

La Compagnie fit savoir à M. Mongeois qu'elle n'acceptait pas sa
renonciation en ces termes, et, au mois d'octobre 1863, elle l'a fait
citer devant la justice de paix en paiement de ses cotisations de 1862
et 1863.

M. Mongeois répondit à cette citation en assignant la Compagnie
devant le Tribunal de Châlons pour voir déclarer préjudiciellement
que le contrat d'assurances d'entre les parties avait pris fin à partir
du dernier jour de février 1862, par l'effet du désistement signifié à
sa requête par exploit d'huissier ; mais le juge de paix, sans s'arrêter à cette demande préjudicielle, qui avait été portée également devant lui par voie reconventionnelle, condamna M. Mongeois, par un
jugement du 12 novembre 1863, qui a été frappé d'appel, à payer ses
cotisations de 1862 et de 1863.

Peu après le 18 décembre 1863, le Tribunal civil de Châlons-sur-
Marne statua ainsi qu'il suit sur la demande de M. Mongeois, afin de
faire déclarer que son assurance était terminée en février 1862.

« Le Tribunal,

« Sur la fin de non-recevoir :

« Attendu que s'il est vrai que le juge de paix de Sézanne, juge
de l'action, était en même temps juge de l'exception, il n'a pu connaître de l'objet de celle-ci que dans les limites de l'action, et relati-
vement à un objet seulement, et que sa décision ne peut avoir le ca-

ractère de la chose jugée en ce qui concerne l'objet de l'action actuelle, laquelle est toute autre que celle dont il était saisi ;

« Sans s'arrêter à la fin de non-recevoir, et statuant au fond :

« Attendu que, par l'article 11 des statuts de la Compagnie d'assurances mutuelles contre l'incendie pour le département de la Marne, à l'établissement duquel le demandeur a concouru par son fondé de pouvoir du 22 décembre 1856, il est dit : « Trois mois au moins avant « l'expiration de son engagement alors courant, le sociétaire ou son « ayant-droit doit faire par lui-même, ou par un fondé de procura- « tion légalisée et enregistrée, soit chez le directeur, soit chez les « agents principaux dans les arrondissements, une déclaration, de « laquelle il lui est donné récépissé, qu'il entend renoncer à l'assu- « rance de la Société à l'expiration de son engagement actuel. A dé- « faut de cette déclaration, avant ou à l'époque ci-dessus détermi- « née, le sociétaire ou son ayant-droit est réengagée à la Société « pour une nouvelle série de cinq années. L'association peut égale- « ment exercer la faculté de résiliation, en notifiant sa détermina- « tion au sociétaire, dans le délai ci-dessus fixé, par une simple « lettre missive recommandée, qui sera transcrite sur le registre de « correspondance de la direction générale » ;

« Attendu que cette rédaction, qui est venue modifier l'article 11 des précédents statuts, à la suite de la constatation par la Compagnie des inconvénients réels des actes extrajudiciaires, a introduit la nécessité d'une procuration légalisée et enregistrée de la part de l'assuré, dans le cas où il ferait par mandataire, et non par lui-même, la déclaration de renonciation à l'assurance, et a autorisé la Compagnie à exercer la faculté de résiliation de la police, en notifiant sa détermination par une simple lettre recommandée, transcrite sur le registre de correspondance ;

« Que ces dispositions sont devenues la loi des parties par l'effet du contrat d'assurance, et qu'il en résulte que l'assuré ne pouvait renoncer à l'assurance qu'en faisant ou faisant faire sa déclaration dans les conditions déterminées par lesdits statuts, ce qui n'a pas eu lieu dans l'espèce ;

« Que si, par acte extrajudiciaire de Gibault, huissier à Sézanne, en date du 7 octobre 1861, Mongeois a fait notifier à la Compagnie qu'il entendait cesser d'être sociétaire, il n'a en aucune manière fait apparaître sa signature soit dans cet acte, soit autrement, et qu'il n'a pas dès lors rempli les obligations qu'il avait acceptées ;

« Attendu que l'exploit du 7 octobre 1861 ne fait pas foi d'un mandat donné à l'huissier ; qu'un désaveu pourrait l'anéantir, et que la Compagnie se trouverait ainsi sans les garanties et la sécurité qu'elle avait stipulées ;

« Mais que si elle avait le droit de se servir d'une simple lettre recommandée, il n'y a rien à en inférer de favorable à la prétention de Mongeois, qui n'a rien stipulé de semblable à son profit, qui a concédé ce droit à la Compagnie, et qui s'est imposé l'obligation de recourir pour sa déclaration à un mode clairement indiqué, et dont le but évident est de ne permettre la cessation de l'assurance que de la manière dont elle a été faite, c'est-à-dire en faisant apparaître la signature des parties, signature qu'on peut vérifier, et qui apporte des certitudes qu'on chercherait en vain dans d'autres façons d'agir ;

« Déboute le demandeur de ses conclusions qui sont mal fondées ;

« Dit en conséquence, en adjugeant les conclusions de la Compagnie, que l'assurance a continué nonobstant l'exploit du 7 octobre 1861 ;

« Et condamne le demandeur aux dépens. »

M. Mongeois a interjeté appel de ce jugement ; mais la Cour, après avoir entendu Mᵉ Guinet, son avocat, et Mᵉ Mathieu, avocat de M. Boulard, directeur de la Compagnie *la Marne*, a confirmé, sur les conclusions conformes de M. le premier avocat-général Oscar de Vallée, par l'arrêt dont voici la teneur :

« La Cour,

« Statuant sur l'appel interjeté par Mongeois du jugement du Tribunal civil de Châlons-sur-Marne, du 18 décembre 1863 :

« Adoptant les motifs des premiers juges,

« Et considérant que sur la notification à lui faite par l'acte extra-judiciaire du 7 octobre 1861, enregistré, l'intimé a fait savoir à Mongeois que la Compagnie n'entendait point accepter sa renonciation à l'assurance, et la tenait pour irrégulière et nulle ;

« Qu'il est établi, en fait, que cet avertissement est parvenu à la connaissance de l'appelant ;

« Confirme,

« Condamne l'appelant en l'amende et aux dépens d'appel. »

(Gazette des Tribunaux.)

Dérogation aux statuts,

JUSTICE DE PAIX DU VIIIe ARRONDISSEMENT DE PARIS.

SOCIÉTÉS MUTUELLES. — CONTRAT DE DIX ANS. — VALIDITÉ.

Quoique les statuts d'une Société mutuelle énoncent que l'assurance est contractée pour la durée de la Société, avec faculté de la résilier à l'expiration de chaque période de quatre années, il est loisible aux parties de stipuler une durée fixe de dix années (1).

« Attendu que, suivant police en date du 26 juillet 1860, la demoiselle Guimont s'est assurée à la Compagnie du *Centre mutuel* contre l'incendie, pour dix années ;

« Attendu que, sur la demande formée contre ladite demoiselle en paiement de la somme de 73 fr. 25 c., montant de sa part contributive aux sinistres et aux charges sociales, échue dans le courant des années 1859 et 1860, la demoiselle Guimont déclare avoir, aux termes de l'article 7 des statuts, averti la Société, suivant exploit en date du 10 mars dernier, enregistré, qu'elle cessait d'en faire partie après la période de dix ans, expirant lors le 30 décembre suivant ;

« Attendu que la durée de la Société est fixée à trente années ; que la Compagnie a réduit l'assurance à dix années, sans autre dérogation à l'article 7 des statuts ; que par ces derniers mots, il a été entendu entre les parties qu'elles renonceraient à la faculté accordée par ledit acte de société de rompre leur engagement à la fin de chaque période de quatre années, en se prévenant réciproquement au moins trois mois à l'avance ;

« Attendu que la clause dérogatoire ne peut s'appliquer à la durée de la période, mais bien à la durée de l'engagement ;

« Par ces motifs,

« Condamne la demoiselle Guimont à payer à la Compagnie *le Centre mutuel* la somme de 73 fr. 45 c., etc. »

---

(1) Conforme : Justice de paix du 1er arrondissement de Paris, 2 juillet 1858. — Lehir, t. XI, p. 159.

Compétence. — Le juge de l'action est aussi le juge de l'exception.

COUR DE CASSATION (Chambre civile).

Présidence de M. Pascalis.

Audience du 22 juillet 1861.

DEMANDES DE PRIMES. — EXCEPTIONS ET DÉFENSES A L'ACTION
PRINCIPALE. — COMPÉTENCE DU JUGE DE PAIX (1).

*L'article 1er de la loi du 25 mai 1838, en attribuant aux juges de paix
la connaissance de toutes les actions purement personnelles ou mobilières, dans la limite du taux qu'il détermine, leur confère plénitude de juridiction dans cette limite, et les rend par conséquent juges
de l'exception aussi bien que de l'action.*

*En conséquence, le juge de paix saisi d'une demande en paiement de
primes d'assurances dont le montant n'excède point le taux de sa
compétence, peut et doit statuer sur l'exception opposée à la demande par le défendeur, et fondée notamment sur ce que le contrat
d'assurances serait résolu par suite de la mise en liquidation de la
Compagnie (2).*

Les liquidateurs de la Compagnie d'assurances contre l'incendie
la Lyonnaise, dont le siége est à Lyon, ont exercé des poursuites
contre un certain nombre d'assurés pour le paiement de primes par

---

(1) Nous avons déjà *signalé* cet arrêt dans notre dernier numéro, août 1861, p.
160. Nous en donnons aujourd'hui le texte, *in extenso,* en raison de son importance.

(2) Conforme : Trib. civ. de la Seine, 7 mai 1844 ; *Manuel de l'Agent d'ass.,* p. 66.
— Justice de paix de Charolles, 27 mars 1846 ; *ibid.,* p. 70. — Justice de paix de
Ribérac, 10 septembre 1849 ; *ibid.,* p. 67. — Trib. civ. de la Seine, 21 mars 1850 ;
ibid., p. 67.—Trib. civ. de Bourgoin, 3 mars 1850 ; *Journal des Ass.,* t. III, p. 261.
— Trib. civ. de Rouen, 4 juin 1851 ; *ibid.,* t. II, p. 189. — Trib. civ. de Tournay,
14 octobre 1851 ; *ibid.,* t. III, p. 216. — Justice de paix de Héru, 13 avril 1854 ;
Manuel des Ass., p. 71. — Justice de paix de Saint-Amand, 10 janvier 1856 ; *Journal
des Ass.,* t. VII, p. 97. — Justice de paix de Tours, 9 octobre 1858 ; *Echo des Ass.,*
t. II, p. 72.

Analogue : Cour de cass., 11 avril 1836, *Manuel de l'Agent d'ass*, p. 68, note.
Contraire : Trib. civ. de Strasbourg, 21 août 1852 ; *Journal des Ass.,* t. IV, p. 265.
— Trib. civ. de Grenoble, 4 août 1855 , *ibid.,* t. VII, p. 150. — Justice de paix de
Vendôme, 24 novembre 1855 ; *ibid.,* t. VII, p. 63. — Tribunal civil de Bruyère,
18 mars 1856 ; *ibid.,* t. VII, p. 163. — Tribunal civil de la Seine, 4 décembre 1860 ;
Echo des Ass., t. II, p. 77.

eux dues, aux termes de leurs polices. Le montant de ces primes n'excédant pas le taux de la compétence du juge de paix, et les débiteurs ayant des domiciles divers, la demande en paiement a été portée devant les trois tribunaux de paix des cantons de Belleville, de Beaujeu et de Bois-d'Oingt.

Devant chacun des juges de paix, les défendeurs ont opposé qu'ils ne devaient rien à la Compagnie *la Lyonnaise ;* que cette Compagnie était entrée en liquidation, qu'elle avait cessé de fonctionner, qu'elle ne s'était mise en liquidation que par suite de la réduction de son capital au-dessous du chiffre déterminé par ses statuts ; que dès lors ils avaient dû se considérer comme libérés des engagements contractés par eux ; que s'agissant aussi de l'appréciation et de l'interprétation des titres, et le droit de la Compagnie poursuivante étant contesté, les juges de paix étaient incompétents pour connaître de la demande.

Les trois juges de paix ont, en se déclarant compétents, condamné les défendeurs au paiement des primes réclamées par les liquidateurs de la Compagnie *la Lyonnaise.*

Tous les assurés ainsi condamnés par ces divers jugements en ont interjeté appel, chacun en ce qui le concernait, et, sur ces appels réunis, le Tribunal de première instance de Villefranche a statué par un seul jugement, rendu à la date du 21 juillet 1859, dont les motifs, en ce qui concerne la compétence, sont les suivants :

« Considérant que les déclinatoires proposés étaient fondés, pour tous les assurés, sur ce que ceux-ci attaquant pour cause de résolution les contrats d'assurances en vertu desquels ils étaient poursuivis, les magistrats ne pouvaient pas, sans excéder les limites de leurs attributions, connaître de cette résolution ;

« Considérant que le débat se trouvant ainsi engagé, le litige ne portait plus, comme à son origine, sur une simple demande en paiement de primes ; mais que, par exception proposée, il prenait des proportions autrement plus grandes, puisque la validité ou les effets des contrats dont ces primes résultaient étant mis en question, il s'agissait d'en apprécier le mérite et la portée ;

« Considérant que ces contrats comportaient des obligations réciproques, celle du paiement des primes par les assurés, et celle d'une indemnité par la Compagnie en cas de sinistre ; que cette indemnité aurait évidemment, si le cas se fût réalisé, dépassé les limites du dernier ressort, et que si l'on admettait d'une manière absolue cet axiome invoqué par les intimés, que le juge de l'action est le juge de l'exception, il arriverait aujourd'hui que, la validité des contrats d'assurance dont il s'agit ayant été reconnue et fixée par lui, et que sa sentence étant en dernier ressort ou passée en force de chose jugée, la question ne pourrait plus être portée devant une autre juridiction, ce qui, tout en violant les règles de la compétence, détruirait celle des deux degrés de juridiction, garantie que le législateur a cependant établie toutes les fois que l'intérêt qui s'agite entre les parties dépasse directement ou indirectement certaines limites,

. « Considérant, dès lors, qu'on doit se garder de faire de cet axiome une application trop générale, et décider que, lorsque dans le cours des débats le litige prend, par l'importance des questions soulevées, des proportions qui doivent nécessairement le faire sortir des attributions du juge de paix qui n'est qu'un magistrat d'exception, ce magistrat doit, même d'office, se déclarer incompétent ;

« Considérant que c'est ainsi que devaient prononcer MM. les juges de paix des cantons de Beaujeu, de Belleville et de Bois-d'Oingt, et que, ne l'ayant pas fait, il y a lieu d'infirmer leurs sentences, d'évoquer le fond, conformément à l'art. 473 du Code de procédure civile, cette évocation étant, d'après une jurisprudence bien constante, facultative en cas d'annulation d'un jugement pour cause d'incompétence. »

Les liquidateurs de la Compagnie *la Lyonnaise* se sont pourvus en cassation contre ce jugement.

« Sur quoi, la Cour, ouï, à l'audience de ce jour, le rapport fait par M. le conseiller Delapalme, les observations de Mes Mazeau et Clément, avocats des parties, et conclusions de M. de Marnas, premier avocat-général, et après en avoir délibéré ;

« Vu l'article 1er de la loi du 25 mai 1838 ;

« Attendu qu'aux termes de cet article, les juges de paix connaissent de toutes les actions purement personnelles et mobilières, en dernier ressort, jusqu'à la valeur de 150 fr. ;

« Qu'ils sont, en conséquence, compétents sur une demande qui se renferme dans ces limites, pour connaître de toutes exceptions et moyens de défense, à moins que la connaissance de ces exceptions ou moyens de défense ne leur ait été interdite par une disposition spéciale de la loi ;

« Que cette interdiction se trouve dans les articles 4, 5 et 6 de la même loi pour les cas spéciaux réglés par ces articles, lorsqu'il y a contestation sur le droit à une indemnité, sur les droits de propriété ou de servitude, ou sur les titres, mais qu'elle n'a pas été formulée pour des cas semblables ou analogues, à l'occasion du droit attribué au juge de paix, par l'article 1er, de connaître des actions purement personnelles ou mobilières jusqu'au taux déterminé ;

« Qu'il en résulte que, dans les cas réglés par l'article 1er, et dans la limite que détermine cet article en ce qui touche le taux de la demande, le juge de paix est compétent ; qu'il a, à cet égard et dans cette limite, plénitude de juridiction, et qu'il est en même temps le juge de l'action et le juge de l'exception ;

« Et attendu que, dans les faits de la cause, les défendeurs à la cassation, assurés contre l'incendie par la Compagnie *la Lyonnaise*, mais dont les assurances étaient arrivées à terme, poursuivis pour le paiement de primes montant à un taux inférieur à celui déterminé par l'article 1er de la loi du 25 mai 1838, avaient opposé comme moyen de défense que les contrats d'assurances étaient résolus par suite de la mise en liquidation de la Compagnie, et que d'ailleurs on avait cessé de leur demander le montant de ces primes ;

« Que cette défense soulevait bien la question de savoir si le contrat était résolu, mais qu'elle la soulevait seulement eu égard aux primes demandées, en défense à cette demande, et non par une demande principale ou incidente ;

« Que le juge saisi de l'action restait aussi compétent pour connaître de l'exception ;

« D'où il suit qu'en jugeant au contraire, dans les faits de la cause, que les juges de paix de Belleville, de Beaujeu et de Bois-d'Oingt étaient incompétents, le jugement attaqué a violé l'article précité ;

« Par ces motifs, et sans qu'il soit besoin de statuer sur les autres moyens, casse et annule ledit jugement ; remet les parties au même état qu'elles étaient auparavant, et, pour être jugées de nouveau, les renvoie devant le Tribunal de première instance de Lyon ; ordonne la restitution de l'amende consignée ; condamne les défendeurs aux dépens, etc. »

OBSERVATION.

En rapportant l'énoncé sommaire de cet arrêt dans notre précédent numéro, (celui d'août 1861) nous disions qu'il tranche une question très-grave pour les Compagnies d'assurances.

N'ayant, en effet, généralement que de faibles sommes à demander à chacun de leurs assurés, elles sont heureuses de pouvoir procéder devant les juges de paix, magistrature de famille, souvent conciliatrice et toujours peu coûteuse. Mais cette justice est trop rapide pour les débiteurs de mauvaise foi : aussi, soulèvent-ils parfois des exceptions qui ont pour but unique d'échapper à cette juridiction sommaire en agrandissant le débat.

Il est vrai que les auteurs qui ont traité cette question, et notamment MM. Grün et Joliat, *Traité des Assurances terrestres*, p. 400; M. Brost, *Correspond. des Justices de paix*, t. IV, p. 222; M. Pouget, *Manuel de l'Agent d'ass.*, p. 69, et M. Lehir, *Journal de l'Assureur et de l'Assuré*, t. IV, p. 29, ont été unanimes pour soutenir que le juge de paix, saisi d'une demande de prime inférieure à 200 fr., est compétent pour connaître de toutes les exceptions opposées à la demande. Mais, comme on peut le voir par la note mise en tête de cet article, la jurisprudence était divisée. Nous pensons que l'arrêt de la Cour de cassation fera cesser les incertitudes, et que les juges de paix ne reculeront plus devant l'examen des questions relatives, soit à la formation du contrat, soit à sa prorogation; car cet examen, d'après l'arrêt que nous venons de rapporter, rentre dans leur compétence toutes les fois que ces questions sont soulevées, *eu égard aux primes demandées, en défense à cette demande, et non par une demande principale ou incidente* (1).

---

(1) Déjà, dans son audience du 17 juin 1860, la Cour de cassation (chambre des requêtes) avait rejeté le pourvoi formé par la Société *la Bretagne* contre un jugement du Tribunal civil de Beaugé, qui avait déclaré que le juge de paix, saisi d'une demande en paiement de primes, est compétent pour connaître de l'exception tirée de la cassation du contrat. La jurisprudence de la Cour suprême est donc résolument fixée sur ce point.

Paris. — Imprimerie de Guyot et Scribe, 18, rue Neuve-des-Mathurins.

PARIS, IMPRIMERIE DE A. GUYOT ET SCRIBE,

Rue Neuve-des-Mathurins, 18.